BEI GRIN MACHT SICH IHR WISSEN BEZAHLT

- Wir veröffentlichen Ihre Hausarbeit,
  Bachelor- und Masterarbeit

- Ihr eigenes eBook und Buch -
  weltweit in allen wichtigen Shops

- Verdienen Sie an jedem Verkauf

Jetzt bei www.GRIN.com hochladen
und kostenlos publizieren

Sterben im Hospiz

Geschichte und Verlaufsform der Hospizidee, sozialwirtschaftliche Aspekte im Hospiz, Formen der Hospizarbeit

Nina Forster

Bibliografische Information der Deutschen Nationalbibliothek:

Die Deutsche Nationalbibliothek verzeichnet diese Publikation in der Deutschen Nationalbibliografie; detaillierte bibliografische Daten sind im Internet über http://dnb.d-nb.de abrufbar.

ISBN: 9783346575371
Dieses Buch ist auch als E-Book erhältlich.

© GRIN Publishing GmbH
Nymphenburger Straße 86
80636 München

Druck und Bindung: Books on Demand GmbH, Norderstedt Germany
Gedruckt auf säurefreiem Papier aus verantwortungsvollen Quellen

Das Buch bei GRIN: https://www.grin.com/document/1165944

Hochschule Kempten

Hochschule für angewandte Wissenschaften

Studiengang: Sozialwirtschaft (B.A.)

Lehrveranstaltung: Modul 3.1 Grundlagen der Sozialen Arbeit

                      3.1.1 Geschichte der Sozialen Arbeit

                      3.1.2 Methoden in der Sozialen Arbeit

                      3.1.3 Grundlagen der Sozialwirtschaft

Thema: Sterben im Hospiz

Abgabedatum: 10.01.2019

Verfasser: Nina Forster

Vorbemerkung

Aus Gründen der leichteren Lesbarkeit wird in der vorliegenden Literaturrecherche die gewohnte männliche Sprachform bei personenbezogenen Substantiven und Pronomen verwendet. Dies impliziert jedoch keine Benachteiligung des weiblichen Geschlechts, sondern soll im Sinne der sprachlichen Vereinfachung als geschlechtsneutral zu verstehen sein.

Inhaltsverzeichnis

1 Einleitung

1.1 Hinführender Gedanke

„Auch das moderne Sterben verlangt von den Sterbenden das Befolgen von Normen, wie die Bewusstheit des Sterbens, die Vorbereitung auf den Tod, den Verzicht auf Rollen und Verantwortungen sowie die Verabschiedung von der Gemeinschaft." (Kellehear, 1990)

Wie Kellehear 1990 schon gesagt hat, sind das Sterben, der Tod und die Trauer Themen, die jeden von uns betreffen. Niemand kann vorhersagen wann es bei einem oder bei einem nahestehenden Angehörigen soweit ist. Die Angst vom Sterben wird dann besonders deutlich, wenn wir mit der Trauer eines Hinterbliebenen in Berührung kommen. Genau zu dieser Zeit, brauchen die Trauernden Verständnis und Entgegenkommen von der Gesellschaft. Doch leider wird das Thema Tod, Sterben und Trauer von der modernen Gesellschaft immer noch gemieden.

Ziel dieser Arbeit mit dem Thema „Sterben im Hospiz" ist es, nach der Eingrenzung des Themas und einer Definition, die Entstehungsgeschichte des Hospizes und den Verlauf in Deutschland aufzuzeigen. Auch werden die sozialwirtschaftlichen Bereiche des Ehrenamtes, der Finanzierung und die Aufnahmekriterien näher erläutert und anschließen folgt eine Darstellung der Methoden der Sozialen Arbeit in den verschiedenen Formen des Hospizes dargestellt werden. Eine kurze Zusammenfassung der Ergebnisse, ein Resümee sowie die Lernbiografie bilden den Schluss der Arbeit.

1.2 Definition
1.2.1 Hospiz

Hospize sind Häuser und Einrichtungen, in denen Schwerkranken und ihre Angehörigen, von fachkundigen Personal und ehrenamtlichen Mitarbeitern begleitet, während der letzten Lebenszeit des Kranken miteinander leben (vgl. Lamp 2012, S. 52). Hospiz ist die Idee, dass wir Menschen einander im Sterben nicht alleine lassen (vgl. ebd., S. 53). Die Hospize sind baulich, organisatorisch und wirtschaftliche eigenständige Einrichtungen mit separatem Personal und Konzepten. Die Zahlen der Hospizplätze schwanken meist zwischen acht und zwölf Zimmern, die in der Regel alle Einzelbettzimmer sind. In den Zimmern ist auch meistens eine Übernachtungsmöglichkeit für die Angehörigen gegeben (vgl. ebd., S. 54). Kinderhospize sind speziell auf die Bedürfnisse lebensverkürzend erkrankter Kinder ausgerichtet. Im Mittelpunkt der Hospizversorgung stehen die schwerkranken

Patientinnen und Patienten mit ihren Wünschen und Bedürfnissen. Eine ganzheitliche Pflege und Versorgung wird durch Haupt- und Ehrenamtliche Mitarbeiterinnen und Mitarbeiter des Hospizes in Zusammenarbeit mit palliativmedizinischen erfahrenen Ärztinnen und Ärzten gewährleistet (vgl. Deutscher Hospiz- und PalliativVerband e.V. 2018, o. S.).

1.2.2 Grundsätze der Hospizarbeit
Die Grundsätze der Hospizarbeit lassen sich in zwei Grundsätzen unterteilen:

Der erste Grundsatz der Hospizarbeit ergibt sich aus der Bedingung der Hospizbewegung, die versucht das Sterben als intensiven Teil des Lebens wieder anzunehmen: „Die Persönlichen Wünsche und körperlichen, sozialen, psychischen und spirituellen Bedürfnisse des sterbenden Menschen stehen im Mittelpunkt" (Golek 2001, S. 64).

Der zweite Grundsatz lautet: „In Würde bis zum Tode leben" (ebd., S. 65). Dies meint in der Gestaltung der noch verbleibenden Zeit und in der Entscheidung über Art und Ausmaß der Therapie, sich, soweit wie möglich, frei, respektiert und unterstützt zu fühlen (vgl. ebd., S. 65).

Neben den inhaltlichen Grundsätzen, gibt es inzwischen auch eine Anzahl von strukturellen und organisatorischen Grundzügen der Hospizarbeit: Zur Begleitung der Schwerkranken ist ein „interdisziplinäres Team" (ebd., S. 66) von großer Bedeutung. Alle Mitwirkenden des Hospizes können durch Mitarbeiter anderer Berufsgruppen ergänzt werden. Auch wird im Rahmen der Hospizarbeit eine partnerschaftliche und multidisziplinäre Zusammenarbeit aller in der Sterbebegleitung Tätigen angestrebt. Die Zusammenarbeit zwischen den Krankenhäusern, Pflegeeinrichtungen und Hospizen birgt die Chance, den Wünschen und Bedürfnissen der schwerkranken Menschen gerecht zu werden. Durch eine intensive Zusammenarbeit ist auch eine Kooperation von haupt- und ehrenamtlichem Helfer zum Wohl der Sterbenden und ihrer Angehörigen möglich (vgl. ebd., S. 66).

2 Geschichte und Verlaufsform der Hospizidee
2.1 Entstehung der Hospizbewegung

Bis zum frühen Christentum lässt sich die Idee der modernen Hospizbewegung zurückführen. Schon in der Apostelgeschichte des Neuen Testaments wird von der „diakonisch-gemeindlichen Sorge" (Heller/Pleschberg 2015, S. 62) um Hilfsbedürftige berichtet. Die großen Mönchsorden bauten Hospize entlang von Pilgerwegen und die standen allen offen die unterwegs und hilfsbedürftig waren. Egal ob gesund oder krank. Als Kardinaltugend christlicher Barmherzigkeit stand die Begleitung sterbender, die Bestattung der Toten und die Trauernden zu trösten. Bis in das 20. Jahrhundert entwickelte sich die Hospizbewegung in enger Zusammenarbeit mit den beiden großen kirchlichen Trägern. Erst im Laufe der Zeit hatten die Herbergen vorrangig die Pflege kranker Menschen zum Ziel (vgl. ebd., S. 62).

Kurz nach dem zweiten Weltkrieg ist durch die Kritik, wie mit sterbenden Menschen umzugehen ist, eine Bürgerrechtsbewegung entstanden. Daraus resultierte die Hospizbewegung, die auf das „Lebenswerk von zwei engagierten Frauen" (8, S. 19) zurück geht. Die Britin Cicely Saunders (Krankenschwester, Sozialarbeiterin und Ärztin) begann sich nach dem Ende des zweiten Weltkrieges für eine bessere Versorgung von unheilbar kranken Menschen einzusetzen und Sterbenden und deren Angehörigen wieder einen Platz in der Welt zu schaffen.

Die andere Pionierin der Hospizbewegung war die Schweizer Psychiaterin Elisabeth Kübler-Ross, die in den 1970er Jahren durch ihre Arbeit die internationale Aufmerksamkeit auf die Sorgen und Ängste von sterbenden Menschen gelenkt und durch das definieren von Phasen durch die die Sterbenden gehen, somit die Sterbebegleitung zum Thema gemacht hat (vgl. Heimerl 2008, S. 19f).

Seit 1967 gilt das von Cicely Saunders eröffnete St. Christopher`s-Hospice in London als Modell des ersten Hospizes der modernen Geschichtsschreibungen, wo sich von dort aus die moderne Hospizbewegung in viele Länder innerhalb und außerhalb Europas ausbreitete (vgl. Heller/Pleschberg 2015, S. 62).

2.2 Hospizverlauf in Deutschland

Der Beginn der Hospizgeschichte in Deutschland lässt sich gegen 1970 beobachten, fast 30 Jahre nach dem Ende des zweiten Weltkriegs (vgl. Heller/Pleschberg 2015, S. 66). Die Psychiaterin Elisabeth Kübler-Ross hat das damalige Tabuthema Sterben als erste in Deutschland aufgegriffen, in dem sie sich sterbenden Menschen im Krankenhaus zuwandte und Studenten ermunterte dies auch zu tun (vgl. ebd., S. 63).

Die Aufnahme der internationalen Hospizidee setzte in Deutschland mit einer erheblichen zeitlichen Verzögerung ein. Analysen zufolge, warum es fast 30 Jahre gebraucht hatte, bis die erste Einrichtung 1983 an der Chirurgischen Universitätsklinik in Köln eröffnet wurde, mochte einerseits damit zu tun haben, dass die Menschen versuchten den Schrecken und die Erschütterungen durch den Millionenfachen Tod, durch die Leiden aufgrund von Krieg und die Vernichtung der jüdischen Bevölkerung Europas zu verdrängen (vgl. ebd., S. 66). Andererseits verweisen auch die negativen Rezessionen des Films „Noch 16 Tage. Bericht aus einer englischen Sterbeklinik", der 1977 im deutschen Fernsehen ausgestrahlt wurde auf die Verzögerung. Die beiden großen Kirchen, die Wohlfahrtsverbände sowie die Krankenhausgesellschaften äußerten sich negativ auf die Frage, ob wir in Deutschland Sterbekliniken bräuchten. Zwar wurde erkannt, dass es Maßnahmen bedarf, um überall ein menschenwürdiges Sterben zu ermöglichen, doch wurde die Hospizidee mit einer „Ghettoisierung Sterbender und mit einer latenten Euthanasiepraxis gleichgesetzt" (Heller/Pleschberg 2015., S. 67, zit. nach Godzik 2000, o. S.). Aufgrund der Angst vor einer Wiederholung der Ghettoerfahrung und die Erinnerungen an die nationalsozialistische Euthanasiepolitik erschwerte eine sachliche und „empathisch-aufklärerische Diskussion" (ebd., S. 67) das Thema Hospiz (vgl. ebd., S. 67).

In den 80er Jahren wurden die ersten palliativen und hospizlichen Einrichtungen gegründet. Die erste deutsche Palliativstation entstand 1983 an der Chirurgischen Universitätsklinik in Köln. Damals haben sich Menschen, häufig aufgrund eigener kläglicher Erfahrungen im Gesundheitssystem, zusammengeschlossen, um die Sterbenden besser zu versorgen zu können (vgl. Lamp 2012, S. 38). Durch das entstanden „erste Qualifizierungsmaßnahmen" (ebd., S. 38) mit der Auseinandersetzung mit Krankheit, Sterben und Tod.

Ehrenamtlich boten viele Männer und Frauen Sitzwachen, unterstützende Gespräche und Hilfestellungen in den letzten Wochen der Sterbenden an (vgl. Lamp 2012, S. 38). Nach und nach entstanden von den gegründeten Vereinen Fachkräfte aus den „Bereichen der Pflege, Sozialarbeit, Theologie, Psychologie und Pädagogik" (ebd., S. 38), die die Ehrenamtlichen Helfer koordinierten. Dadurch wurden dann auch oft Beratungen, wie die Pflegesituation, das Gespräch miteinander sowie die soziale Situation verbessert (vgl. ebd., S. 38).

Im weiteren Verlauf der Zeit bildeten sich immer mehr Hospize in Deutschland. Besondres geprägt aufgrund seiner Größe, vorhanden waren 12 Betten, und der Einbindung von ehrenamtlichem Engagement ist das im Dezember 1987 eröffnete Hospiz HI Franziskus in Recklingshausen, das als erstes deutsches Hospiz betitelt wurde (vgl. Heller/Pleschberg 2015, S. 72). In den darauf folgenden Jahren wird in Hamburg 1989 die erste Beratungseinrichtung, in der Angehörigen Unterstützung rund um die Themen Sterben, Tod und Trauer finden, gegründet und 1991, durch sechs Familienmit lebensverkürzend erkrankten Kinder, der Verein des deutschen Kinderhospizvereins.

3 Sozialwirtschaftliche Aspekte im Hospiz

3.1 Ehrenamt

Das Tätigkeitsfeld der ehrenamtlichen Aktiven im Hospiz- und Palliativbereich ist abwechslungsreich und facettenreich. Die primären Bezugspersonen wie Familie, Partner, Freunde, Nachbarn oder auch der mobilen Krankenpflegedienst werden meist durch die Ehrenamtlichen Helfer unterstützt. Sie gewährleisten in der psychosozialen und spirituellen Begleitung Schwerkranker und sterbender Menschen vielfältige Aufgaben, wie zum Beispiel im häuslichen Bereich oder die Hilfestellung bei „Schmerzen, Ängsten oder Erschöpfungszuständen" (Lamp 2012, S. 45).

Darüber hinaus engagieren sich Ehrenamtliche in Vorständen von Vereinen, in der Öffentlichkeitsarbeit und in der Verwaltung. Die Ehrenamtlichen stellen, in den sie für die Patientinnen und Patienten und Angehörigen da sind, ihnen Zeit schenken und auf ihre Wünsche und Bedürfnisse eingehen, sicher, dass vor allem die psychosozialen Bedürfnisse schwerkranker und sterbender Menschen Berücksichtigung finden (vgl. Deutscher Hospiz- und PalliativVerband e.V. 2018, o. S.).

Durch ihre Arbeit leisten sie nicht nur einen unverzichtbaren Beitrag in der Begleitung der Betroffenen, sondern sie tragen wesentlich dazu bei, dass sich in unserer Gesellschaft ein Wandel im Umgang mit schwerkranken und sterbenden Menschen vollzieht (vgl. Lamp 2012, S. 45).

3.2 Finanzierung

Eine Regelung zur Finanzierung stationärer Hospize wurde im Jahr 1997 in das Sozialgesetzbuch (SBG) V aufgenommen. Versorgungsverträge die im §39 SGB V und im §71 SGB XI gesetzlich geregelt sind, sind die Grundlage der Finanzierung stationärer Hospize (vgl. Lamp 2012, S. 54). Nach dem Gesetz haben die Patientinnen und Patienten, die gesetzlich versichert sind, keine eigenen Kosten zu tragen, da 95 % von den jeweiligen Kranken- und Pflegekassen übernommen werden und die restlichen 5% der Kosten durch das stationäre Hospiz bzw. den Träger durch Spenden erbracht werden müssen.

Privat versicherte Patientinnen und Patienten müssen vor Aufnahme in ein Hospiz mit ihrer Krankenkasse klären, ob und in welcher Höhe der Hospizaufenthalt finanziert wird. Viele Einrichtungen nehmen von den privat Versicherten die mit den gesetzlichen Krankenkassen verhandelnden Tagessätze ohne die 5% abzuziehen, die normal als Eigenleistung der Hospize vorgesehen sind (vgl. ebd., S. 61).

Zusätzliche Leistungen, die durch die Krankenkassen nicht finanziert werden, wie etwa eine Kunst- oder Musiktherapie, müssen Hospize von Spendengeldern aufbringen. Auch dürfen die Einrichtungen keine Geldspenden von Patientinnen und Patienten oder auch Angehörigen annehmen, da sie unter das Heimgesetz fallen (vgl. Lamp 2012, S. 60).

3.3 Aufnahmekriterien

Die Hospiz-Aufnahmekriterien sind in §39a Abs. 1 SGB V und §43 SGB XI gesetzlich geregelt. Folgende Kriterien, außer dass der Betroffene an einer Erkrankung leidet, sind für eine Aufnahme in das Hospiz Grundvoraussetzung:

Die Erkrankung ...

- schreitet unaufhaltbar voran und hat ein fortgeschrittenes Stadium erreicht
- bei der eine Heilung oder ein Stillstand ausgeschlossen ist
- bei der eine palliativmedizinische Behandlung oder Pflege notwendig ist
- die eine Lebenserwartung von Wochen oder Monaten vorausblicken lässt

(vgl. ebd., S. 57f).

Weitere Voraussetzungen für die Hospizaufnahme ist, dass eine stationäre Betreuung in einer Pflegeeinrichtung oder eine ambulante Versorgung nicht ausreichend möglich ist, weil der Versorgungsaufwand durch die Angehörigen bzw. der Pflegedienste nicht abgedeckt werden kann (vgl. ebd., S. 59).

Die Anfrage für eine Aufnahme kann durch den kranken Menschen selbst, einen Angehörigen, den behandelnden Arzt, den Pflegedienst oder den Sozialdienst des Krankenhauses erfolgen. Viele Hospize laden den Betroffenen oder/und deren Angehörigen zu einem ersten Informationsgespräch und zum Kennenlernen ein, um alle Fragen persönlich besprechen zu können (vgl. ebd., S. 56).

4 Formen der Hospizarbeit

Damit ein Leben bis zuletzt in der vertrauten Umgebung ermöglicht werden kann, ist ein Versorgungsnetzwerkt erforderlich, in dem alle in der Hospiz- und Palliativversorgung relevanten ambulanten und stationären Angebote sowie die verschiedenen Berufsgruppen eng zusammenarbeiten (vgl. Deutscher Hospiz- und PalliativVerband e.V. 2018, o. S.).

4.1 Ambulante Hospizarbeit

Das Anliegen der ambulanten Hospizarbeit ist es, dass jeder der das möchte, in seinem Zuhause seine letzten Tage und Stunden verbringen kann (vgl. Lamp 2012, S. 41). Die damalige Bundesarbeitsgemeinschaft Hospiz, heute Deutscher Hospiz- und Palliativverband, hat die verschiedenen Organisationsstufen der ambulanten Hospizarbeit folgendermaßen Unterschieden:

1. Stufe: Ambulante Hospizgruppe (AH): Alle sind ehrenamtlich engagiert, es gibt keine festen Strukturen
2. Stufe: Ambulanter Hospizdienst (AHD): Ausgebildete Koordinatioren sind vorhanden, die die Einsätze der Ehrenamtlichen vorbereiten, planen und koordinieren
3. Stufe: Ambulanter Hospiz- und Palliativ-Beratungsdienst (AHPD): Palliativberatung kommt zu den Aufgaben dazu; beraten anderer Pflegeeinrichtungen und Pflegedienste sowie der Angehörigen und Betroffenen
4. Stufe: Ambulanter Hospiz- und Palliativberatungs- und Palliativpflegedienst (AHPPD): Pflege kommt zu den Angeboten dazu
5. Stufe: Ambulanter Palliativpflegedienst (APD): haben gewöhnlich keine Ehrenamtlichen Helfer, arbeiten aber mit regionalen bzw. lokalen Hospizdiensten zusammen

(vgl. ebd., S. 39).

Die Begleitung und Unterstützung enden nicht mit dem Tod, sie wird auf Wunsch der Angehörigen in der Zeit der Trauer weitergeführt. Vor diesem Hintergrund werden durch die ambulanten Hospizdienste die Schwerkranken und Sterbenden sowie die Familien Zuhause oder auch in stationären Wohneinrichtungen begleitet. Außerdem bieten sie auch Trauerberatung für die Angehörigen und Informationsveranstaltungen zum Thema Sterben, Tod und Trauer an. Ziel ist es, Bedingungen zu schaffen, die es den schwerkranken und sterbenden Menschen ermöglichen, ihre letzte Lebensphase zu Hause in vertrauter Umgebung zu verbringen. Dabei stehen vor allem die Wünsche und Bedürfnisse der Betroffenen und deren Familien im Vordergrund (vgl. Lamp 2012, S. 42f)

4.2 Stationäre Hospizarbeit

Die Stationäre Hospizarbeit begleitet umfassend Kranke, für die ein Aufenthalt in gewohnter Umgebung noch nicht oder nicht mehr möglich ist. Es werden nur noch solche Therapieformen angewandt, die Schmerz- und Symptomlinderung bewirken (vgl. Golek 2001, S. 67).

„Die ärztliche Versorgung wird in den meisten Fällen durch die Hausärzte der Patienten, oder einem mit dem Hospiz kooperierenden niedergelassenen Arzt (mit palliativmedizinischem Knowhow) gewährleistet. Die Pflegekräfte (Krankenpfleger, Schwestern und Altenpfleger) haben zu einem hohen Prozentsatz Palliative-Care-Ausbildungen, also zusätzliche pflegerische Kompetenzen in der Versorgung Sterbender" (Lamp 2012, S. 55).

Für ein „zufriedenes Abschiednehmen" (Golek 2001, S. 68) kann das Zusammensein des Kranken mit den Angehörigen und Freunden von großen Bedeutung sein, deshalb werden in den stationären Hospizen „Möglichkeiten zum Mitwohnen und Mitleben" (ebd., S. 68) für die Angehörigen und Freunde angeboten, oft auch im gleichen Zimmer wie der Schwerstkranke (vgl. ebd., S. 68).

Die Stationären Hospize werden auch von ehrenamtlichen Mitarbeitern, die sorgfältig ausgewählt und vorbereitet werden, entscheidend mitgetragen (vgl. ebd., S. 68).

Ziel ist es, ein Sterben zu Hause, in der gewohnten Umgebung zu ermöglichen. Sofern das nicht möglich ist und eine Krankenhausbehandlung nicht notwendig oder gewünscht ist, kann die Aufnahme in einem Stationären Hospiz erfolgen (vgl. Deutscher Hospiz- und PalliativVerband e.V 2018, o. S.).

5 Andere Formen des Hospizes
5.1 Kinder- und Jugendhospiz

Die Leistungen von Kinderhospizen umfassen nicht nur die Sterbebegleitung, also die palliativmedizinische und palliativpflegerische Versorgung des erkrankten Kindes, sondern auch die Begleitung von den Eltern und Geschwistern. Auch sind die Leistungen des Hospizes nicht auf die „finale Lebensphase" (Lamp 2012, S. 71) der Kinder beschränkt, sondern dehnen sich auch auf die mehrfachen Aufenthalte, die der Entlastung und professionellen Unterstützung der Familien dienen soll, um damit die Pflege in familiären Umfeld für einen möglichst langen Zeitraum zu ermöglichen aus (vgl. Lamp 2012, S. 71).

In der Regel ist die Unterbringung in einem stationären Kinderhospiz auf vier Wochen jährlich begrenzt. Die Begleitung der Kinder und Jugendlichen und ihren Eltern soll also weitgehend zu Hause erfolgen (vgl. ebd., S. 71).

Prof. Dr. med. Boris Zernikow, ein deutscher Kinder- und Jugendarzt der auf dem Gebiet der Schmerztherapie und Palliativmedizin tätig ist, stellte für ein Kinderhospiz bzw. ein Kinderpalliativzentrum folgende Kriterien zusammen:

- der Schwerpunkt soll auf häuslicher medizinisch-pflegerischer und psychosozialer Betreuung gelegt sein
- es sollte differenzierte, altersentsprechende Angebote für die verschiedenen Altersgruppen geben
- Spezialisten der entsprechenden „Subspezialität" (Lamp 2012., S. 73) in die medizinische Versorgung sollen mit einbezogen werden
- Eine umfassende Geschwisterbetreuung soll vorhanden sein
- Trauerbegleitung und, wenn gewünscht, eine spirituelle Betreuung für die Eltern, Geschwister und Angehörigen
- Sterbemöglichkeit innerhalb der Einrichtung muss vorhanden sein und auch die Möglichkeit der Aufbewahrung
- Die Möglichkeit eines kurzen stationären Aufenthalts muss vorhanden sein

(vgl. ebd., S. 73)

5.2 Palliativ Care

Palliativ Care ist ein internationaler üblicher Fachausdruck, bei dem als deutsche Übersetzungen Wörter wie Palliativmedizin, Palliativpflege, Palliativbetreuung oder Palliativversorgung verwendet werden (vgl. ebd., S. 74). Palliativ Care findet in einzelnen Palliativstationen im Krankenhaus statt bzw. sind daran gegliedert. Auch beschäftigt sich die Palliativmedizin, neben der Therapie der körperlichen Beschwerden, mit den psychischen, geistig-seelischen und sozialen Problemen der Patientinnen und Patienten und ihrer Familien (vgl. Golek 2001, S. 69).

Die World Health Organisation (WHO) definiert den Begriff „Palliativ Care" so folgendermaßen:

„Palliativmedizin/Palliative Care ist ein Ansatz zur Verbesserung der Lebensqualität von Patienten und ihren Familien, die mit Problemen konfrontiert sind, welche mit einer lebensbedrohlichen Erkrankung einhergehen. Dies geschieht durch Vorbeugen und Lindern von Leiden durch frühzeitige Erkennung, sorgfältige Einschätzung und Behandlung von Schmerzen, sowie anderen Problemen körperlicher, psychosozialer und spiritueller Art" (Lamp 2012, S. 78).

Ziel der Palliativmedizin ist, eine möglichst gute Lebensqualität für die leidenden Personen wiederherzustellen und/oder zu erhalten, auch wenn die Krankheit rasant und stetig fortschreitet. Hierbei werden die Angehörigen mit einbezogen, und das nicht nur, weil sie ganz wesentlich zum Zustand eines kranken Menschen beitragen, sondern weil sie selbst als Menschen ernst genommen werden (vgl. Lamp 2012, S. 74f).

6 Schluss

6.1 Resümee

Ziel der Arbeit war es, einen Überblick über die Entstehung der Hospizbewegung, den Sozialwirtschaftlichen Aspekte und den Methoden der sozialen Arbeit, durch die Beleuchtung der verschiedenen Formen der Hospizarbeit, zu erhalten.

Zusammenfassend lässt sich sagen, dass die Hospizarbeit und die Palliative Care heute einen deutlich funktionaleren Ausdruck bekommen haben und noch stärker als Teil eines umfassenden Versorgungskonzepts wahrgenommen werden. Auch wichtig zu nennen, sind die Ehrenamtlichen Mitarbeiterinnen und Mitarbeiter, die nicht nur einen unverzichtbaren Unterstützung in der Begleitung der Betroffenen tragen, sondern wesentlich dazu beitragen, dass sich ein Wandel in unserer Gesellschaft im Umgang mit schwerkranken und sterbenden Menschen vollzieht. Sicher ist auch, dass das Sterben als Prozess keine bestimmte, sichere und prognostizierbare Dauer hat. Niemand kann vorhersagen, wann es soweit ist, wann jemand sterben wird. Wir wissen nur, dass der Tod immer langsamer wird je länger man lebt und je älter man wird.

6.2 Lernbiografie

Bei der Themenfindung meines Portfoliothemas hatte ich zu Beginn große Schwierigkeiten ein geeignetes und gleichzeitig für mich interessantes Thema zu finden. Die Vorlesungen in Methoden und Geschichte der sozialen Arbeit waren da sehr hilf- und aufschlussreich, sodass ich mein Thema „Sterben im Hospiz" schnell fand. Zunächst ging ich in die zugehörige Hochschulbibliothek der Fachhochschule in Kempten und recherchierte welche Bücher optimal für mein Thema in Frage kamen. Nach dem ich die Suchwörter ein wenig geändert hatte, da ich über 100 Vorschläge an Büchern bekommen habe, bekam ich genau die Bücher die auf mein Thema passten. Nach dem ich mir mehrere geeignete Bücher ausgeliehen hatte, las ich die für mein Thema relevanten Kapitel durch, machte mir Notizen und begann mit der Erstellung eines Inhaltsverzeichnisses, das sich im Laufe der Erstellung des Portfolios oft änderte. Da ich bereits eine wissenschaftliche Arbeit schreiben und abgeben musste, wusste ich wie wichtig es ist, alle Formvorgaben und Zitierweisen gleich einzuhalten und somit eine spätere Verwirrung zu verhindern. Durch die verschiedenen Gruppenarbeiten in den Vorlesungen habe ich gelernt, dass der

Austausch mit anderen neue Ideen und Ansichtsweisen bringt. Das hat mir sehr geholfen, da ich bei der Bearbeitung der Sozialwirtschaftlichen Aspekten anfangs Probleme hatte diese in meine Arbeit einzubringen. Zum Schluss habe ich die Arbeit meinen Eltern und Kommilitonen zum Korrekturlesen gegeben und habe wertvolle Tipps erhalten. Um nicht in Zeitdruck zu geraten, habe ich mir einen „Schreibplan" erstellt, an welchen Tagen ich was bearbeiten und ausformulieren möchte. Durch den erstellten Plan wurde ich sogar einen Tag früher als geplant fertig, was mich sehr zufriedengestellt und mich motiviert bleiben lässt, hatte.

Literaturverzeichnis

Golek, Michael (2001): Standort und Zukunft der ambulanten Hospizarbeit in Deutschland, 1. Auflage. Münster: Waxmann Verlag GmbH

Heimerl, Katharina (2008): Orte zum Leben – Orte zum Sterben. Palliative Care in Organisationen umsetzen.Freiburg im Breisgau: Lambertus-Verlag

Heller, Andreas/Pleschberg Sabine/Schnell, M. W (Hrsg.) (2015): Palliativ Care und Hospiz, Wiesbaden: Springer Fachmedien

Lamp, Ida (2012): Hospiz & Co. So finden Sie die beste Betreuung am Lebensende, 1. Auflage. München: Ernst Reinhardt Verlag

Internetquellen

Deutscher Hospiz- und PalliativVerband e. V. (2018): Die Hospizbewegung, https://www.dhpv.de/themen_hospizbewegung.html/(Zugriff am: 22.12.2018)

Deutscher Hospiz- und PalliativVerband e.V. (2018): Hospiz. ambulant vor stationär, https://www.dhpv.de/themen_hospize.html/(Zugriff am: 22.12.2018)

BEI GRIN MACHT SICH IHR WISSEN BEZAHLT

- Wir veröffentlichen Ihre Hausarbeit, Bachelor- und Masterarbeit

- Ihr eigenes eBook und Buch - weltweit in allen wichtigen Shops

- Verdienen Sie an jedem Verkauf

Jetzt bei www.GRIN.com hochladen und kostenlos publizieren